Tobi a disparu

Texte
Sandra Lebrun
Loïc Audrain

Illustrations
Thérèse Bonté

hachette
ÉDUCATION

Maquette de couverture : Mélissa Chalot
Réalisation de la couverture : Sylvie Fécamp
Maquette intérieure : Mélissa Chalot
Réalisation de l'intérieur : Audrey Izern
Relecture ortho-typo : Jean-Pierre Leblan
Édition : Laurence Lesbre

ISBN : 978-2-01-627187-2

© Hachette Livre, 2019.

58 rue Jean Bleuzen, CS 70007, 92178 Vanves Cedex.

www.hachette-education.com

Une histoire ahurissante !

Les personnages de l'histoire

SAMI

Sami a 6 ans ; il est un peu petit mais il est dégourdi !
Il est surtout prêt à tout pour retrouver son toutou.

TOBI

Tobi est un gros chien au grand cœur que toute la famille adore !
Il est ravi de passer ses vacances en Bretagne, car il a une passion pour les crêpes…

JULIE

Julie a 7 ans ;
c'est la grande sœur
de Sami. Elle adore Tobi,
son fidèle compagnon !

DANA

Dana est une jolie
chienne bretonne
que toute la famille
va apprendre
à connaître…

On s'est régalés avec les sardines...

Même Tobi!

Hmm... J'ai une petite idée...

Je crois que j'ai la même!

DOUCHES

Tobi est peut-être retourné à la criée.

ACCUEIL

Je l'ai entendu aboyer.

Pfff! On ne sait toujours pas où il est.

Au moins, nous avons une information! Ne nous décourageons pas. Et Tobi n'a pas pu s'envoler : il est bien trop gros!

31

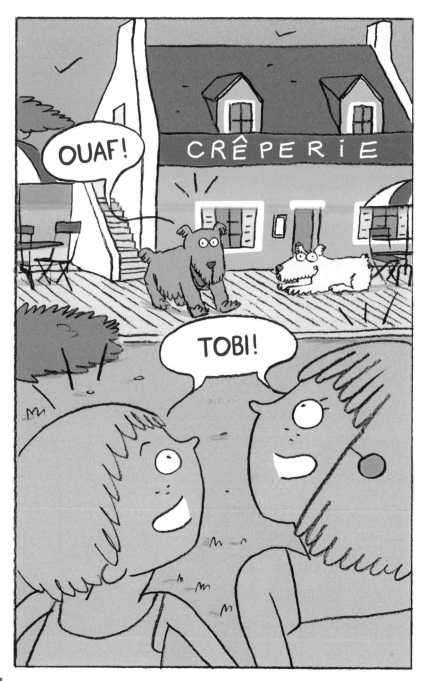

46

34/0154/1

Imprimé en Espagne par Unigraf S.L. — Dépôt légal : Mars 2019 — Collection n° 98 - Édition 01